DIE REIHE
Archivbilder

... VERLIEBT IN HEIDELBERG

Bin soeben glücklich in
Heidelberg angekommen

DIE REIHE

Archivbilder

... VERLIEBT IN HEIDELBERG

Peter Blum

SUTTON
VERLAG

Sutton Verlag GmbH
Hochheimer Straße 59
99094 Erfurt
http://www.suttonverlag.de

ISBN 3-89702-719-4

Druck: Oaklands Book Services Ltd., Stonehouse / GL, England

Inhaltsverzeichnis

Danksagung

Der Autor bedankt sich herzlich beim Universitätsarchiv Heidelberg, namentlich bei Frau Dr. Sabine Happ, für die kollegiale Unterstützung und Bereitstellung der gewünschten Abbildungen. Weiterhin gilt der Dank dem bewährten Team des Stadtarchivs Heidelberg, insbesondere Herrn Günther Berger und Fotografenmeister Knut Gattner für vielfältige Anregungen bzw. für die kompetente Aufbereitung der digitalen Bildvorlagen.

Bildnachweis

Soweit nicht anders vermerkt wurden die Bilder der Fotosammlung des Stadtarchivs Heidelberg entnommen, hier insbesondere dem Fotonachlass Hartschuh sowie dem ehemaligen Bildarchiv des „Heidelberger Tageblatts". Die folgenden Fotos stellte das Universitätsarchiv Heidelberg dankenswerterweise zur Verfügung: S. 24 oben: Pos. I 06168; S. 46: Pos II 00232, Pos I 04449; S. 48 oben: Pos. I 05025; S. 60 unten: Alb. XXI 00010; S. 67 unten: Dia I 02661; S. 114: Pos. I 04236, Pos. I 04239; S. 117 unten: Alb. XXI 00007.

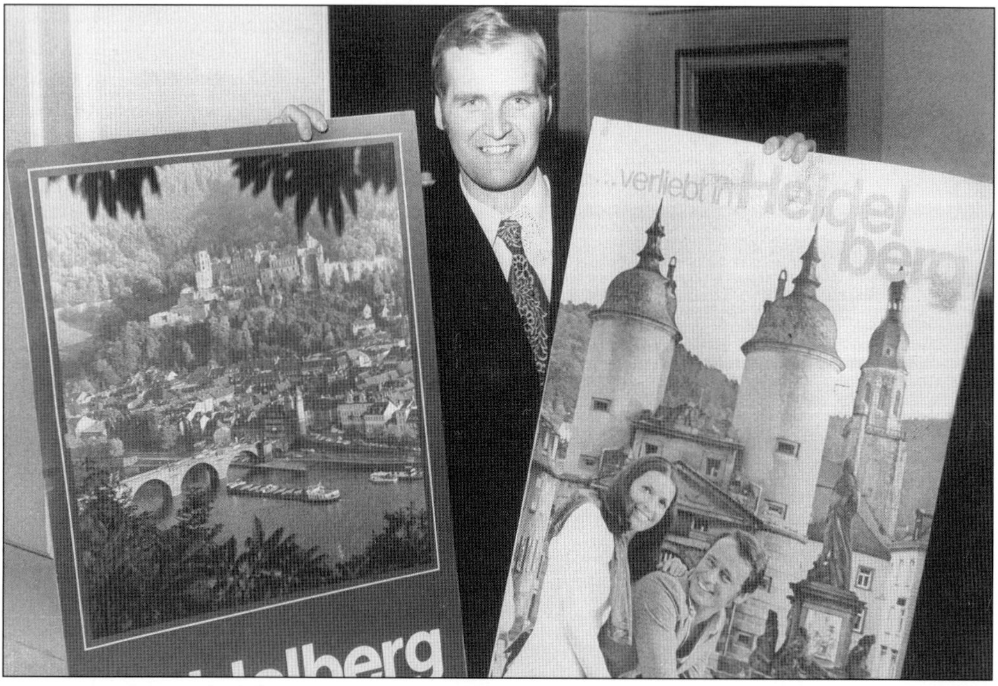

„… den Staub vom Heidelberg-Bild abwischen, ohne die darunter befindliche Patina zu verletzten." So lautete die Zielrichtung des Geschäftsführers des Heidelberger Verkehrsvereins Nils Kroesen zu Anfang der 1970er-Jahre. Mittlerweile zählt Heidelberg jährlich über 500.000 Übernachtungen. Gäste von nah und fern, Touristen, Kongressbesucher sowie Wissenschaftler und Studenten verleihen der Stadt internationales Flair.

Einleitung

Dieser Bildband wirft einen Blick zurück auf das Heidelberg der 50er- bis 70er-Jahre des vergangenen Jahrhunderts. Schon bald nach dem Krieg zog die Stadt erneut unzählige Menschen von nah und fern an. Darunter viele so genannte VIPs, vom „Daktari" über Kaiser Haile Selassie, Christo, Kennedy, O.W. Fischer und Lilo Pulver, „Hänschen" Rosenthal, König Ibn Saud bis hin zu dem Cherokee „Buffalo Child". Dazu kamen Studenten, Dienstreisende und Touristen in großer Zahl.

Nicht wenige kamen mehrmals. Manche verbrachten hier einen Lebensabschnitt oder blieben für immer. Aber ob Besucher, so genannte „Reingschmeckte" oder alteingesessene Heidelberger, sie alle verband die Zuneigung zu der von Natur und Historie so reich bedachten Stadt am Neckar.

Heidelberg ist eben keine unterkühlte Weltstadt. Eher ein überschaubares weltoffenes Dorf mit internationalem Flair, und einer ausgeprägten Bereitschaft zu regem Austausch und Miteinander, wie sich anhand von über 200 Originalfotos mit- und nacherleben lässt.

Die Aufnahmen rufen Personen und Ereignisse in Erinnerung, die möglicherweise schon vergessen oder vielleicht auch etwas anders in der individuellen Erinnerung „gespeichert" sind. Dabei öffnet sich der Blick gleichermaßen für Veränderungen und Kontinuitäten, die teils ganz subjektiv nacherlebbar werden. Die Fotos werfen zugleich Streiflichter auf eine gar nicht so ferne Vergangenheit. Und es „menschelt" mitunter gehörig. Fotobildbänden haftet oft etwas Statisches an. Das mag bis zu einem gewissen Grad als Stil- und Ausdrucksmittel bewusst so eingesetzt werden. Hier aber wird ein anderer Zugang angestrebt, der stärker den Menschen in bestimmten Situationen und an Heidelberger Schauplätzen zeigt. Eine Art von Heidelberger Familienalbum also, das die abgebildeten Personen wie die Betrachter in einen gemeinsamen Bezug setzt zu dem von vielen Menschen aus nah und fern so geliebten Heidelberg.

Eine Art von Hommage an Heidelberg also? Nun, auch wenn sich der Autor eher den rational geleiteten Menschen zurechnet, mag etwas Derartiges entstanden sein. Das Buch ist das Ergebnis der Sichtung eines umfangreichen Bildbestands, der mosaiksteinchenartig einen etwa 25 Jahre umfassenden Abschnitt der Stadtgeschichte widerspiegelt. Eine wichtige Phase, in der sich nach dem letzten Weltkrieg Selbstbewusstsein erst wieder entwickeln und sich Heidelberg aus schwierigen Zeitverhältnissen heraus seine in aller Welt renommierte Stellung wieder erarbeiten musste. Es hat dabei seine „natürlichen wie kulturgeschichtlichen Ressourcen" zu nutzen verstanden, ohne im Klischee zu erstarren.

Die Bildauswahl ist einerseits Ergebnis einer durchaus subjektiven Annäherung an den auszuwertenden Bildbestand. Andererseits ist sie naturgemäß vorgegeben vom Bildfundus und zu einem wesentlichen Teil von wiedergabetechnischen Ansprüchen, denen die Aufnahmen zu genügen hatten. Statisch, ja erstarrt wirkende „Stimmungsbilder" aneinander zu reihen, wäre nicht das Problem gewesen. Aber eine Auswahl von überwiegend aus dem Leben gegriffenen Momentaufnahmen von inhaltlicher Aussage, von motivisch wie technisch ansprechender, und nicht allein dokumentarischer Qualität, ist schon weitaus schwieriger zu realisieren. Daher kann die hier abgedruckte Bildauswahl weder thematisch vollständig noch repräsentativ erscheinen.

Die Platzierung der Fotos wird mitunter erstaunen. Gleichwohl lässt sich damit bisweilen ein Spannungsverhältnis aufzeigen oder die unterschiedliche Bandbreite menschlicher Lebensäußerungen andeuten. So steht die „Fleisch gewordene Lichtgestalt des Wirtschaftswunders", Bundeskanzler Ludwig Erhard, neben der nach heutigem Empfinden magersüchtig anmutenden Twiggy. Zwischen beiden Fotos liegen Jahre – aber auch gesellschaftliche Veränderungen, und Twiggy markiert zugleich einen Wandel wie den Aufbruch einer Generation mit veränderten Werten und Lebenszielen.

Die Bildunterschriften sind, dem vom Verlag vorgegebenen Konzept der Reihe folgend, möglichst kurz und bündig; das Bild an sich soll ansprechen und nicht lediglich die Textaussage ergänzen. Dennoch enthalten die Abbildungslegenden die wesentlichen für das Bildverständnis wichtigen Informationen nebst Datierung. Wobei sich der Autor die Freiheit genommen hat, auch einmal salopper oder mit leicht ironischem Unterton zu kommentieren.

„... verliebt in Heidelberg“ zu sein, ist keineswegs Voraussetzung für die Lektüre dieses kleinen Bildbands. Aber denkbare Begleit- oder Folgeerscheinung. Indessen mag der Autor in seiner Zielrichtung nicht so weit gehen. Immerhin wäre schon viel gewonnen, wenn zahlreiche Leserinnen und Leser auf Grund einer ansprechenden, gelegentlich gar amüsanten Lektüre einen Zugang zur Geschichte dieser Stadt und möglicher- bzw. glücklicherweise zur eigenen Geschichte finden.

Wenn sich dann am Ende zudem die erhellende Erkenntnis einstellt: „Und so was gibt's also im Archiv?!“, dann wäre abermals viel gewonnen. Denn Archive fegen keineswegs – entgegen hartnäckigen Vorurteilen – allein den Staub der Geschichte zusammen, wenn der „Zahn der Zeit“ an den alten bröseligen Akten und sonstigen Überlieferungsträgern nagt. Vielmehr ist es ihre Aufgabe, einzigartiges Kulturgut von hoher Informationsdichte zu erhalten und in vielerlei Hinsicht nutzbringend für die Gemeinschaft aufzubereiten.

Die Fotosammlungen der Archive, die in der Regel die Veränderungen im Stadtbild, Persönlichkeiten oder Events, und damit unterschiedlichste Facetten städtischen Lebens dokumentieren, sind da ein hervorragendes Beispiel, Geschichte für alle fassbar zu machen. So mag dieser Band auch Hemmschwellen abbauen; denn Archive sind moderne Dienstleister, die allen Bürgerinnen und Bürgen offen stehen.

Peter Blum

1

Alle schon mal da gewesen: VIPs von A, wie Albers, bis T, wie Twiggy

Die Schönen, die Reichen und die Mächtigen, Stars und Sternchen – sie alle geben sich in Heidelberg die sprichwörtliche Klinke in die Hand. Dabei sind die Zeiten als kurpfälzische Residenzstadt lange passee. Und der Anlass zum Besuch erscheint oft keineswegs allein sachlich motiviert … In jedem Fall ist Heidelberg bei den so genannten very important persons ungemein attraktiv. Und dies bestätigt und verstärkt Heidelbergs Bekanntheitsgrad in der Welt.

Ein Kennedy in Heidelberg. Nach Bonn und Berlin besuchten der amerikanische Justizminister Robert F. Kennedy und seine Gattin Ethel am 29. Juni 1964 die Stadt am Neckar. Mit von der Partie im Fond der hinten offenen Staatskarosse war Oberbürgermeister Robert Weber.

Obwohl Robert Kennedy die charismatische Ausstrahlung des 1963 ermordeten Bruders fehlte, ließen auch auf der Alten Brücke die Autogrammjäger nicht von ihm ab.

Vor der Universität durchbrachen begeisterte Studenten die Absperrungen, um Kennedy die Hand zu schütteln. In der Aula hielt der beliebte Politiker eine Ansprache und stellte sich Fragen zur Kuba-Krise, zur „Emanzipation der Neger“ und zum amerikanischen Engagement in Südvietnam.

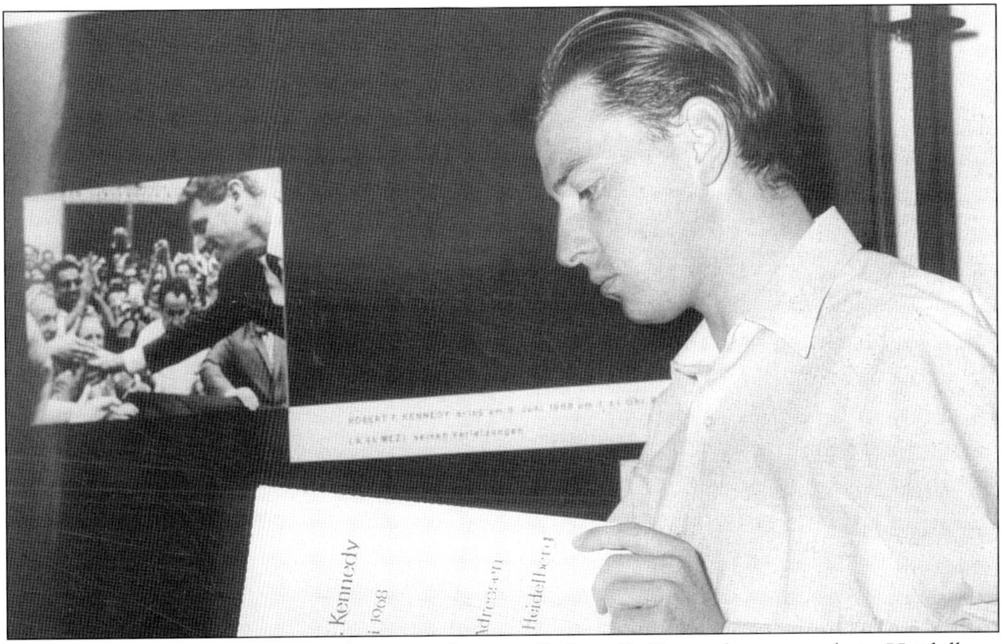

Die Bestürzung über die Ermordung von Senator Robert F. Kennedy war auch in Heidelberg groß. Im Amerika-Haus lag ein Kondolenzbuch aus, in das sich bereits am ersten Tag über 200 Personen eintrugen. Unter ihnen waren Bürgermeister Dr. Hans Georg Gerken und Durchreisende aus Frankreich und Australien. Die Aufnahme entstand am 7. Juni 1968.

„Das soll Kunst sein?" lautete die immer wieder gestellte Frage, als Christo im Mai 1969 – anstatt des Schlosses – das Amerika-Haus verpackte. Dagegen erscheint die mediengewaltige Inszenierung der Verpackung des Berliner Reichstagsgebäudes als reichlich spätes Remake. Und Heidelberg war wieder einmal der Zeit voraus.

Blitzbesuch des Wirtschafts- und Gesundheitsministers Prinz Abdullah el Faisal von Saudi-Arabien, Sohn des Sultans Ibn Saud. Im Czerny-Krankenhaus besichtigte er 1953 die zur Krebsbekämpfung eingesetzte „modernste Elektronenschleuder der Welt".

Und noch ein Wüstensohn kam nach Heidelberg: Prinz Fahd el Faisal, ein Neffe von König Ibn Saud, besuchte auf Einladung der Bundesregierung verschiedene Industriebetriebe.

„Seine Majestät kommt!" – Mit einem 45-köpfigen Gefolge kam König Ibn Saud von Saudi-Arabien 1957 ins Heidelberger „Schlosshotel". In der Hotelhalle hofierte OB Dr. Karl Neinhaus den im überdimensionalen Cadillac anreisenden drittreichsten Mann der Welt mit einem eilends improvisierten Empfang.

Leibwächter mit goldenen Schwertern flankierten den über zwei Meter großen Monarchen, dessen vollständiger Name Saud-Ibn-Abd-el-Asis-Ibn-Abd-el-Rahman-el Faisal lautete. Dem Empfang folgten ein märchenhaftes Menue und ein rascher Abgang. Denn laut ärztlicher Verordnung musste sich der König um 22 Uhr zu Bett begeben.

„Kurz nach dem Zusammenbruch war ich doch hier ..., weil ihr hier als einzige in Deutschland Theater gespielt habt", erinnerte sich Hans Albers, „Deutschlands letzter Volksschauspieler", wie er von der „Schweizer Zeitung" genannt wurde. Im November 1953 war er im Museumsrestaurant und im Capitol auf „Promo-Tour" für seinen Film „Jonny rettet Nebrador".

Theodor Heuss grüßte aus einer offenen Staatslimousine heraus die Heidelberger Bevölkerung, die ihm begeisterte Ovationen darbrachte. Der Bundespräsident hielt sich anlässlich des Festaktes zur 150-Jahr-Feier der Wiederbegründung der Heidelberger Universität im Jahre 1953 in der Stadt auf.

Stilecht im stahlgrauen Straßenkreuzer der Marke Chrysler, pilotiert von ihrem Komponisten Theo Nordhaus, fuhr Marika Rökk Silvester 1950 vor. Sie kam im Rahmen der „Promo-Tour“ für ihren neuesten Film „Die Csardas-Fürstin“ und auf Einladung der „Rhein-Neckar-Zeitung“.

Die temperamentvolle Diva gab sich angesichts des nahenden Jahreswechsels nachdenklich, demonstrierte keine Starallüren. Nur einmal brach es aus ihr heraus. Spontan, mit 100-fach vertrauter Melodie in der Stimme entfuhr ihr auf der Alten Brücke im Angesicht Karl Theodors ein an die Stadt gerichtetes „Prosit Neujahr! – Toi ... toi ... toi!“

„Da ich zum ersten Male deutschen Boden betrete, habe ich das Gefühl, in gewisser Weise in meine geistige Heimat zurückgekehrt zu sein!“ Wie viele andere vor und nach ihm empfand der indonesische Präsident Sukarno eine starke Verbundenheit mit Heidelberg.

Gemeinsam mit seinem Sohn besichtigte Sukarno 1956 in der Universitätsbibliothek die Manessische Liederhandschrift. Und er hielt eine Rede, in der er die Vision einer neuen Weltordnung entwarf.

Kaiservisite – vom Schloss in den OP: Im August 1959 geleiteten Oberbürgermeister Robert Weber und Dr. Aloys Wannemacher vom städtischen Kulturamt Kaiser Haile Selassie von Äthiopien durch das Schloss und die Ausstellung „Ausklingendes Barock".

Auf Schritt und Tritt von einer Zuschauermenge verfolgt, geknipst und zaghaft beklatscht, gab der Kaiser sogar einigen Autogrammwünschen nach, ehe er im Mercedes 300 zur Chirurgischen Klinik entschwand, wo er einem Tierversuch beiwohnte.

Der Platz vor St. Bonifatius in der Heidelberger Weststadt im Jahre 1954: Vor einer dicht gedrängten Menschenmenge lagen auf der offenen Pritsche eines Lkw einige Holzpaletten, über die ein Teppich geworfen war. Darauf stand der wortgewaltige „Straßenprediger“, Jesuit und Theologe Johannes Leppich (1915-1991) und sprach. „Ihr steht da unanständig eng!“ – „Wir haben geistigen Sommerschlussverkauf“ – „Wirtschaftlich sind die Deutschen Riesen, geistig

sind sie Boulevardtypen geworden“ – „Natürlich klage ich an … Und wem diese meine Sprache nicht passt, der geh doch weg!“ sind markante Splitter aus den bisweilen gefürchteten „Brandreden“ des kämpferischen Paters. Als Sohn eines Zuchthausaufsehers sprach Leppich die Sprache der einfachen Menschen. Er stieg von der Kanzel und füllte Straßen, Plätze sowie Fußballstadien. In den 1950er-Jahren erreichte er schätzungsweise 15 Millionen Deutsche.

„Heidelberg, ich habs gewusst, du bist nicht fromm, aber neugierig." 1966 kam bei 5.000 auf dem Wilhelmsplatz versammelten Katholiken (oder Neugierigen?) abermals die ambulante „Vitaminspritze des Vagabunden Gottes" zum Einsatz. Leppich predigte ein lebendiges Christentum, offensichtlich inspired by „Heidelberger Tageblatt".

Eine Delegation russisch-orthodoxer Geistlicher auf Studienreise bei der badischen evangelischen Kirchenleitung im Petersstift. Dem Delegationsmitglied rechts wurde übrigens nicht bereits die Erleuchtung, sondern lediglich die profane Beleuchtung durch eine zeittypische Lichtquelle zuteil.

Das Sonnenbanner wehte 1953 über dem Schloss, als eine Weltreise den japanischen Kronprinzen Akihito nach Heidelberg führte. An der Alten Aula bereitete ihm der Rektor der Universität, Prof. Eberhard Schmitt, einen freundlichen Empfang. Kaum weniger herzlich begrüßte Akihito kurz darauf auf dem Schloss die japanische Studenten-Fußballmannschaft.

Empfang des zweiten japanischen Kaisersohnes Prinz Hitachi und dessen Gemahlin Prinzessin Hanako, 1965. Dabei verwies Universitäts-Rektor D. Günther Bornkamm auf den ersten japanischen Studenten im Jahre 1868 und der Erste Bürgermeister Georg Adam Klemm beschwor die „jahrhundertealten Beziehungen zwischen Japan und Heidelberg", die im Vorjahr durch die Partnerschaft mit Kumamoto gekrönt worden waren.

Auch der „Dicke mit der Zigarre" kam fast regelmäßig und meist zu Wahlkampfkundgebungen in die Stadthalle. Hier zeigte sich der „Vater des Wirtschaftswunders", Bundeskanzler Ludwig Erhard, im Jahre 1964 mit dem Ersten Bürgermeister Dr. Hermann Hagen …

… und hier an der Seite von Dr. Bernhard Vogel, dem damaligen Lehrbeauftragten der Universität, links, sowie Frau Prof. Hedwig Jochmus (MdL), rechts, und Prof. Eduard Wahl (MdB).

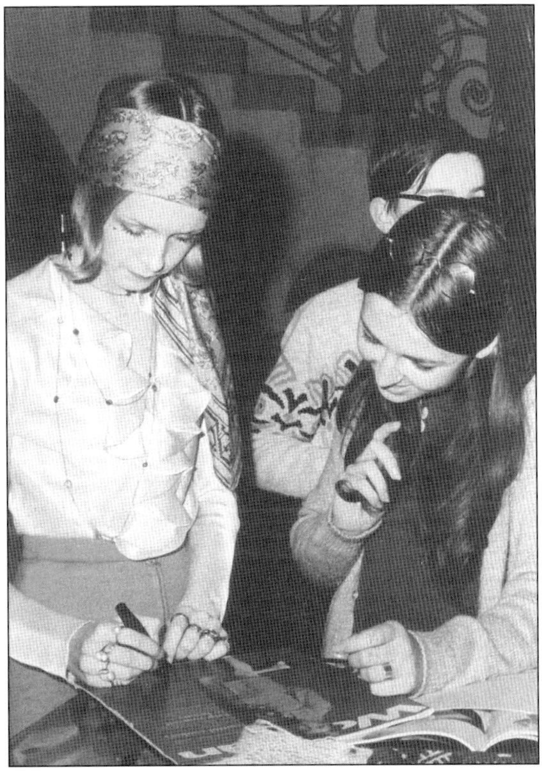

Twiggy goes Heidelberg! – Noch demonstrierte eine gewisse Leibesfülle den wieder erlangten Wohlstand in Deutschland, als in Neasden, England, ein junges Mädchen namens Leslie Hornby heranwuchs, das von Gleichaltrigen auf Grund seines spindeldürren Aussehens als „stick" oder „twig" (Stock/Rute) verspottet wurde.

Gleichwohl avancierte der untergewichtige Teenager als Modemodel unter dem Künstlernamen Twiggy zu „The Face of 1966" und wurde zum Leitbild einer Generation. Die „Twiggymania" ist heute besser als Bulimie gekannt. Die Aufnahme zeigt Twiggy während einer Autogrammstunde in Heidelberg.

1958 kam die Begum, die Ehefrau Aga Khans III., in die Neckarstadt. Im dunkelgrünen Rolls-Royce und in Begleitung von Baron und Baronin Dirgardt, ging es u.a. in die Universitätsbibliothek, wo sich die Aufsehen erregende Begum die Manessische Liederhandschrift ansah. Baron Dirgardt war übrigens ein Urenkel Wilhelm von Humboldts.

Großer Bahnhof für den Präsidenten des japanischen Forschungsrates Kaneshinge und seine Delegation im Juni 1959. Von links sieht man Senatsassistent Gerhard Hinz, den Rektor der Universität Prof. Wilhelm Hahn und Oberbürgermeister Robert Weber.

Besuch von der „Briefmarkeninsel“: Es war der Herzenswunsch des Premierministers von Mauritius, Sir Ramgoolam, auf seiner Tour d'Horizon durch Deutschland im Jahre 1959, Heidelberg kennen zu lernen. Hier sieht man ihn in Begleitung seiner Gattin, seines Leibarztes und Privatsekretärs sowie des städtischen Pressereferenten Curt W. Fennel (Mitte).

Land, Leute und Kultur kennen zu lernen, war auch der Wunsch des indischen Generalmajors Balijt Singh. Der Ausländer-Club der Universität bot dafür den idealen Rahmen. Von links sieht man Oberbürgermeister Robert Weber, Prof. Ernst Plewe, Balijt Sing und dessen Neffen Ajay Kumar Singh.

Ein „Ball der Königin“ fand im Königsaal des Schlosses statt. Liselotte Pulver trat bei der werbeträchtigen Veranstaltung anlässlich der Premiere des Filmes „Der junge General“ als Marie-Antoinette auf. Mit dabei war nicht nur Lilos Ehemann Helmut Schmid ...

... sondern auch – wie der Heidelberger Filmkaufmann Eduard Wawersig versicherte – jede Menge Promis, „höherer und mittlerer Adel und viel Industrie aus Mannheim, Heidelberg und Umgebung“. Der Film mag schon vergessen sein – Lilo Pulvers tiefkehliges Lachen vom August 1968 nicht.

Elsbeth Janda und ihr Ehemann Fritz Nötzold, wie sie jeder kennt. Die Botschafter Kurpfälzer Lebenslust und Mundart trugen den Ruf Heidelbergs und der Kurpfalz weit über die Grenzen der Region hinaus. Hier sieht man sie im Jahre 1966 als Bänkelsänger.

Im Januar 2004 erhielt die „Botschafterin der Kurpfalz“ für ihr Engagement die Richard-Benz-Medaille für Kunst und Wissenschaft der Stadt Heidelberg.

Sportschau oder Daktari – vom samstagabendlichen Ringen des Vaters mit seiner Tochter berichtete der Erste Bürgermeister Dr. Karl Korz beim Besuch des Daktari Marshall Thompson im Jahre 1970. Der Urwalddoktor konnte sich den Weg zum Großen Ratssaal nur dadurch bahnen, dass er auf jeder Treppenstufe Autogramme an die erdrückend große Fangemeinde verteilte.

Schimpansendame Judy und ihr schielender Löwenkollege Clarence fehlten zwar, doch druckte die Zeitung am Folgetag die handschriftliche Grußadresse des Daktari ab – als Trostpflaster für unglückliche Autogrammjäger und Daheimgebliebene.

Mit William H. Anderson empfing Oberbürgermeister Reinhold Zundel kurz darauf einen weiteren gewichtigen Vertreter der amerikanischen Filmindustrie im Heidelberger Rathaus. Anderson – hier mit seiner Gattin – war Präsident des Aufsichtsrats der Walt Disney Production.

Zur Erinnerung an seinen Besuch im Jahre 1957 erhielt der türkische Landwirtschaftsminister Budakoglu einen Heidelberg-Bildband. Gemeinsam mit seiner Ehefrau stieg er im Hotel „Europäischer Hof" ab.

Die beliebte Schauspielerin Edith Hancke und der ehemalige „Eislauf-Prinz" Hans-Jürgen Bäumler spielten gemeinsam in Marc Camolettis Komödie „Boeing-Boeing", die im Heidelberger Theater Tangente aufgeführt wurde. Bäumler bildete in den 50er- und 60er-Jahren zusammen mit Marika Kilius ein Traumpaar auf dem Eis, Hancke ist heute noch auf vielen Bühnen und in Fernsehproduktionen zu sehen.

Vor dem Theater Tangente kollidierten ein Schulbus und ein OEG-Zug. Eben noch kämpfte die Lehrerin mit der heulenden Schar Backfische. Da erschien der Eislaufstar mit den rehbraunen Augen und hysterisch kreischend stürzten sich die Schulmädchen auf ihr Idol. Glückseliger Kommentar: „Das hat sich aber gelohnt!"

1967 gelang Prof. Christiaan Barnard in Kapstadt die erste Verpflanzung eines menschlichen Herzens. Eine Sensation, die nicht nur vielen Herzpatienten half, sondern gleichsam ein Aufbruch zu neuen Ufern war. Im Juni 1968 sprach der Mediziner in der Universität vor voll besetzten Rängen …

… und empfing die Universitätsmedaille. Der Enthusiasmus, mit dem Barnard gefeiert wurde, erscheint verständlich, dauerte es doch 21 Jahre, bis 1989 in Heidelberg das erste Herz verpflanzt werden konnte. Und die Heidelberg-Hymne („Ich hab mein Herz …") bedarf seither der Korrektur.

Auf dem Weg zum Deutschen Industrie- und Handelstag 1961 in der Stadthalle wurde Bundespräsident Heinrich Lübke auf dem Heidelberger Militärflughafen empfangen.

Bundespräsident Lübke überbrachte auf einer Asienreise die deutsche Übertragung eines Gedichts des philippinischen Nationalhelden José Rizal. Dessen Neffe Leoncino Lopez Rizal, den man hier mit seiner Gattin sieht, erbat 1967 zudem eine Widmung des Übersetzers, des Feuilletonredakteurs des „Tageblatts", Josef von Goltischek.

1969 erfolgte die feierliche Benennung des neu ausgebauten, 1,1 Kilometer langen Teilstücks der B 37 nach dem pakistanischen Nationaldichter Mohammad Iqbal. Als Paten legten Oberbürgermeister Reinhold Zundel, der pakistanische Botschafter Abdur Rahman Khan und Regierungspräsident Dr. Werner Munzinger Zeugnis dafür ab, …

… dass Heidelberg auch jene nicht vergisst, die wie Iqbal einst hier lebten und studierten und in ihrer Heimat Bedeutendes leisteten. Ein „Brückenschlag" im Sinne der Völkerverständigung, der für Heidelberg typisch ist.

Der Lebensweg vieler späterer Promis führte über Heidelberg. Oft waren diese Aufenthalte prägend und blieben in angenehmer Erinnerung. Die Bindungen überdauerten oft die Studienzeit. Im Fall des Schriftstellers Somerset Maugham, der Ende des 19. Jahrhunderts hier studierte, hielten sie über 67 Jahre. 1957 kehrte er zurück, um das Heidelberg seiner Studienzeit wiederzusehen.

2

Von Heidelwood und Hollyberg

Heidelberg filmreif

Seit 1994 gibt es das Internationale Filmfestival Mannheim-Heidelberg. Wenn anderenorts vom Kino in der Krise die Rede ist, so gilt dies, nicht zuletzt dank des studentischen Publikums, nur bedingt für Heidelberg. Schon 1912 stand in Schlierbach ein gläsernes Filmstudio, wurden Cowboy- und Indianerfilme in heimischer Natur gedreht. 1915 wurde ein nur zu gut bekanntes „Rührstück" Vorlage der Hollywood-(Stummfilm-)Produktion „Old Heidelberg". Wen wundert es, dass Heidelberg auch nach dem Krieg als Drehort, für Filmuraufführungen sowie Dokus und Liveshows der Fernsehsender gefragt war.

„Heidelberger Romanze" heißt der Stoff, aus dem 1951 die Träume waren. Darsteller waren der Frauenschwarm O.W. Fischer als Prinz von Reiningen und Lilo Pulver. Ihr ansteckendes Lachen ließ das Publikum die Widrigkeiten des Nachkriegsjahre wenigsten für kurze Zeit vergessen. Regie führte Paul Verhoeven.

Ein weiteres Heidelberger Film-Highlight war der klischee-beladene Schmachtstreifen „Alt-Heidelberg". Er wurde 1959 von Ernst Marischka inszeniert, dem Altmeister im Regiestuhl, der das Genre wie kaum ein anderer beherrschte. Der österreichische Regisseur wurde mit Filmen wie „Sissi" oder „Rendezvous am Wörthersee" bekannt.

Zum nächtlichen Dreh am Herkules-Brunnen lieferte Heidelberg nicht nur die originale Kulisse, sondern stellte auch die Komparsen. Vorwiegend Studentinnen und Studenten konnten sich bei dieser Gelegenheit etwas hinzuverdienen.

Ein Traumpaar bildeten die erst 17-jährige Sabine Sinjen als Käthie und Christian Wolff in der Rolle des Karl-Heinrich im Film „Alt-Heidelberg“ von 1959. Gert Fröbe und die junge Hannelore Elsner in ihrer zweiten Filmrolle komplettierten ein Staraufgebot, das mehr als eine Zuschauergeneration auf der Leinwand und an den TV-Bildschirmen begleitet hat.

„Plätscher-plätscher-platsch" lautete die vernichtende Kurzkritik im „Tageblatt" über die in Heidelberg gedrehte Verfilmung des Romanbestsellers von Willi Heinrich „Schmetterlinge weinen nicht". Auch Siegfried Wischnewski und Elmar Wepper konnten nicht verhindern, dass der Film von der Peter-Schamoni-Produktion im Kino durchfiel.

Und in der Mitte Rex und Gitte – Regisseur Wolfgang Liebeneiner nutzte im Jahre 1963 die Alte Brücke und den Philosophenweg einmal mehr als Kulisse für den beschwingten Liebesfilm „Jetzt dreht die Welt sich nur um dich". Seicht wie mancherorts der Neckar. Alles andere als ein „tieflotender Problemfilm mit philosophischem Tiefgang", notierte das „Tageblatt".

1978 wurde das abenteuerliche Leben des Hochstaplerehepaares Carl und Rose Grandison an Originalschauplätzen verfilmt. Bundesfilmpreisträger Helmut Qualtinger spielte den damaligen Oberstadtdirektor Dr. Ludwig Pfister. Die historisch stimmige Verfilmung besorgte der Heidelberger Schriftsteller und Drehbuchautor Dr. Michael Krausnick.

„Grandison" war also ein Film mit Anspruch. Doch schon die Zaungäste beäugten die Dreharbeiten eher gelangweilt. Der Film floppte. „Es könnte sein, dass dieser Film älteren Menschen noch am ehesten Spaß macht", stichelte die Lokalpresse.

1976 ermittelte Tatort-Kommissar Lutz, alias Werner Schumacher, auf dem Rathausparkplatz beim Stadtarchiv. „Augenzeuge" heißt die Tatortfolge und handelt von der Aufklärung eines Raubmords. Glücklicherweise waren doch keine städtischen Bediensteten betroffen.

Den titelgebenden Augenzeugen mimte Henning Venske, vielen bekannt aus der Fernsehsendung „Musik aus Studio B". Gedreht wurde auch an der Stadthalle, in den Altstadt-Cafés Knösel und Burkhardt und beim Ebert-Haus. Die uniformierte Polizei war echt und ein Wiedersehen bei der nächsten Verkehrskontrolle nicht auszuschließen.

Ein japanisches Kamerateam filmte 1967 zu früher Stunde an ungewöhnlichem Ort Szenen für einen Spielfilm. Ein japanischer Schauspieler spielte einen Arzt und Krebsforscher, weshalb das 12-köpfige Team das hiesige Krebsforschungszentrum aufsuchte. Was durchaus für den Bekanntheitsgrad der Einrichtung spricht!

Nächtlicher Dreh auf dem Schloss im Jahre 1965.

Der beliebte Quizmaster „Hänschen" Rosenthal während der Vorbereitung der TV-Live-Sendung „Allein gegen alle" in Heidelberg im Jahre 1975.

Gemeinsam mit Oberbürgermeister Reinhold Zundel und dem Leiter des Presseamtes und des Archivs der Stadt, Dr. Günter Heinemann, wurde das Szenario des bundesrepublikanischen TV-Rätselwettbewerbs abgestimmt.

Am letzten Augustwochenende 1975 waren OB Zundel und Südfunkredakteur Bernhard Ballhaus dann auf Sendung. Viele Helfer hatten sich im Großen Ratssaal versammelt, vom Archäologen Dr. Berndmark Heukemes über den Lokalhistoriker Ludwig Merz, die „Fachfrau für Bürgerinitiativen und Radikalismus" Dr. Wanda von Bayer-Katte bis hin zum Eppinger Fußballstar Jürgen Schieck. Mit dabei war auch eine Brockhaus-Enzyklopädie.

Und die Stadt mit dem höchsten Akademikeranteil in der BRD zeigte sich als fairer Verlierer. Denn ausgerechnet die Fragen eines Heidelberger Studenten führten zum vorzeitigen Aus für Heidelberg. Heidelberg nahm es sportlich. Ein Männerchor aus Kirchheim intonierte spontan: „Lass den Kopf nicht hängen".

Nachdem kurz zuvor das Hölderlin-Gymnasium gesiegt hatte, zeigten sich 1971 auch die Schüler des Helmholtz-Gymnasiums den Herausforderungen des Fernsehratespiels „Die Sechs Siebeng'scheiten" gewachsen. Max Albert, Gerd Förster und Bernhard Schulz, die man hier mit Moderator Jürgen Graf sieht, räumten 2.000 DM ab.

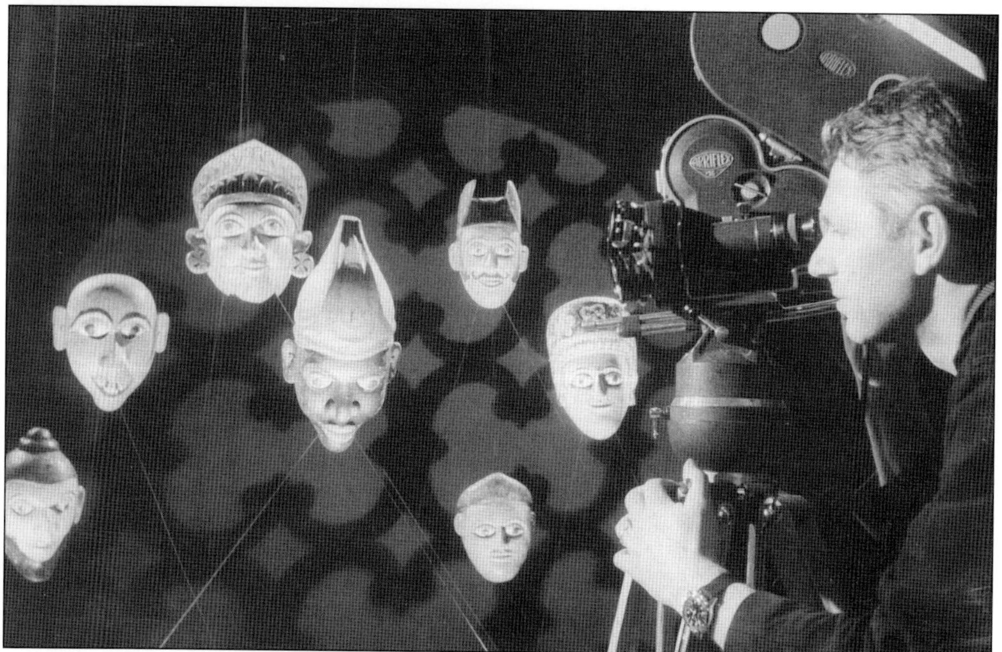

Neben Spielfilmen und Ratesendungen beschäftigten sich unübersehbar viele Dokumentationen auch ganz sachlich mit Heidelberg. Hier filmte der Hessische Rundfunk für das Jugendprogramm und die Erwachsenenbildung 1964 die Ceylon-Masken des Völkerkunde-Museums der Josefine und Eduard von Portheim-Stiftung.

3

„Der Mai ist gekommen ...“ und „Heiß heulen die Gitarren im Liverpool-Sound!“

Musik ist nicht zuletzt Ausdruck eines Lebensgefühls, musikalische Vielfalt oft ein Kennzeichen für Kreativität, Offenheit und Toleranz. Und vielfältig war und ist das Heidelberger Angebot in der Tat für alle, die aktiv oder eher passiv an der Musik teilhaben wollen. Dazu trägt auch der von Stadt und Universität gepflegte internationale Austausch bei. Von Klassik bis Folklore, über Jazz, Swing-Jazz, Beat and Soul sowie Twist und Rock – alles ist in Heidelberg vertreten. Die folgende Bildauswahl kann allerdings nicht annähernd die gesamte Musikszene der Stadt einfangen, zumal Fotos allein diese Welt nicht darstellen können.

Klassische und so genannte E-Musik hatten in Heidelberg stets ein dankbares Publikum. Vielfach fanden und finden entsprechende Aufführungen in besonders feierlicher Umgebung oder wie hier beim Serenadenkonzert vor historischer Kulisse statt. Die Aufnahme entstand 1955 auf dem Schlosshof.

Reger Nachfrage erfreuten sich bereits in den frühen 1950er-Jahren die so genannten Ausländer-Ferienkurse der Universität. Hier übt sich ein aus Teilnehmern verschiedener Nationalitäten bestehender Chor des Ökumenischen Instituts.

Die Ferienkurse verbinden junge Studierende verschiedener Nationen, dienen der Integration, dem Miteinander und dem gegenseitigen Verstehen. Nicht zuletzt vermitteln sie viel Freude, wie dieses Foto zeigt, das bei einem Gesangswettbewerb im Jahre 1953 entstand.

Studentinnen und Studenten aus Ghana nahmen im Jahre 1956 an einem Tanzabend teil. „Die Studenten, die hier ihre Kameraden musikalisch untermalen, werden später im Lande der Gold-Küste als Ärzte und Wissenschaftler wirken …

… Ein farbenprächtiges Bild war es für die Gesellschaft im Heidelberger Schloss und ein Hauch von echtem afrikanischem Brauchtum kam auf, als die monotonen Rhythmen der Kinder- und Liebeslieder erklangen“, notierte der Lokalreporter.

Folkloristische Darbietungen im Rahmen des Ausländer-Ferienkurses der Universität im Jahre 1964.

Im Jahre 1967 sangen und tanzten 250 ausländische Studentinnen und Studenten aus 17 Nationen in der Heidelberger Stadthalle. Das Foto zeigt die in goldgelbe Umhänge und Kostüme gehüllte Gruppe aus Ghana.

Seit 1954 besteht das „Cave 54“. Studenten gründeten die Kneipe als „Verein zur Förderung und Pflege studentischer Geselligkeit“. In dem überschaubaren Kellergewölbe in der Krämergasse geben sich seit Jahrzehnten ambitionierte Jazz-Musiker die Klinke in die Hand. Der Kultstatus ist in Deutschland ältestem Studenten Jazz-Club inbegriffen. Das Foto zeigt einen Faschingsball im Jahre 1966.

„Heiß heulen die Gitarren im Liverpool-Sound!“ – Wer erinnert sich noch an die Mersey Kings hier im Jahre 1966, die „einzige Beatgruppe mit einer Bassistin“? Zur Gruppe gehörten der Kfz-Mechniker „Maikäfer“ Wolfgang Wettstein (Rhythmusgitarre), die Schülerin Bettina von Eckardt (Bassgitarre), …

… der Starkstrom-Elektriker Peter Greiner (Sologitarre) und der Mechaniker Bubi Schlicksupp (Schlagzeug). Sie probten in einem Keller im „Zieglerbräu“. Bettina meinte: „Wir spielen einen harten Beat. Sehr hart sogar! Da kommt von den anderen Heidelberger Gruppen so schnell keine mit!“

Kunststudent Andrew erregte beim Auftritt von The Touch aus Birmingham im Handschuhsheimer „Storyville“ im Jahre 1967 Aufsehen mit seiner originalen Kopfbedeckung. Im hiesigen Musik-Keller traten regelmäßig lokale wie überregionale Bands auf.

Das Quintett The Touch spielte lautstarken „Progressive Beat“. Drummer Chris sprach als Einziger Deutsch. Als er Ostern 1967 mit einer Studentengruppe in Heidelberg war, knüpfte er Kontakt zu den Handschuhsheimer Kellerkindern des „Storyville“. Nun ging es dort dreimal die Woche rund.

„Heiß, heißer, Scarecrows!“, tönte es in den 60er-Jahren vollmundig. Rhythmisch akzentuierter „Black Beat“ war die bevorzugte Musikrichtung der zum „Beat-Pfalzmeister“ avancierten Gruppe. Vor dem Heidelberger Herkules stellten sich 1967 Drummer Axel Eubler, Bassist Rainer Angerbauer und die beiden Gitarristen Michael Günther und Herbert Kowa dem Fotografen. Keiner von ihnen war zu diesem Zeitpunkt älter als 20 Jahre.

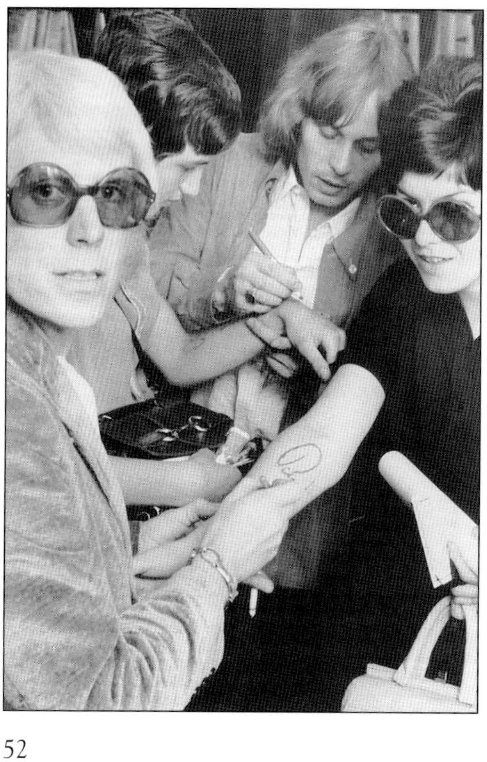

Die Beatgruppe The Petards hielt am 13. September 1962 bei Phora eine Autogrammstunde ab. Vorn links sieht man den Sologitarristen Klaus Ebert. Die noch junge deutsche Band spielte vorzugsweise Beat und Twist.

Eine der beliebtesten Heidelberger Bands des Soul und Jazz waren die Phantoms. Sie waren Topact der großen Riverboat-Shuffle Anfang Mai 1964. Zur Band gehörten der Musikalienhändler Jörg Grosser (Sologitarre), der Angestellte Kraus Siefert (Rhythmusgitarre), der Chemielaborant Peter Lorens (Drummer), der Berufsmusiker Peter Baumgartl (Bassgitarre) und als Manager der 19-jährige Abiturient Siegfried Ott.

„Sweet Beat, kurze Haare, wenig Blabla“: Die Band Club Five posierte 1967 auf dem Schlossaltan. Obwohl sie mitten im Abitur standen, begeisterten die Heidelberger Musiker mit zwischen Sweet Beat und Jazz angesiedelter Musik. Ihr Maskottchen und Go-go-Girl war die Sängerin Vicky Bowmann, deren Vorbild die amerikanische Schauspielering und Sängerin Cher war. Vicky rauchte Unmengen von Zigaretten, um die Stimme „in Form“ zu halten.

„Der Mai ist gekommen …“ und die Burschenschaften begingen ihre traditionelle nächtliche Maifeier am Herkulesbrunnen vor dem Rathaus. Lag es an der Frühjahrsmüdigkeit oder an der hochprozentigen Maibowle, dass unser Protagonist mit geschlossenen Augen dastand?

Die „Hasch-Zigarette“ als Kampfansage an das Establishment. Sie war Symbol für die Absage an bürgerliche Konventionen und Traditionen, die als einengend und überholt empfunden wurden.

Vielmehr lebten viele junge Menschen in den 60ern alternative Lebenseinstellungen und Gefühle wie Frustrationen bei zumeist lautstarker Musik und bisweilen auch durchaus provokant aus.

Open-Air-Festival auf der Thingstätte am letzten Augustwochenende 1970. Diesmal standen nicht die jüngeren, auf den Durchbruch hoffenden Bands – die durch die Clubs tingelten, um Bühnenerfahrung zu sammeln – auf dem Programm, sondern durchaus arrivierte Künstler: Pink Floyd, Deep Purple, Tangerine Dream, Guru Guru und viele andere.

Impressionen vom Holy Hill Jazz-Meeting, das im Juli 1969 stattfand, …

… und vom Open-Air-Festival im Juni 1971.

Die Musikszene in Heidelberg bietet jedem etwas. Von Jazz und Rock …

… bis Folklore. Hier sieht man ein schwungvolles Bayernfest mit „feschen Maderln“ im August 1969.

Dagegen wirkte die Wieblinger Knabenkapelle aus den frühen 1950er-Jahren reichlich altbacken. Dabei waren und sind es oft die Musikvereine, in denen die späteren Rock- und Jazzmusiker ihre ersten musikalischen Schritte unternehmen.

Wie die großen Vorbilder: Stimmungsbilder vom Teenager-Fastnachtsball, den die Tanzschule Gronach im Februar 1966 im großen Saal der Stadthalle ausrichtete. Als „Einheizer" waren die Starfighters am Werk. Und so „schwitzen die Teenager pausenlos im Beat", wie der Lokalreporter etwas indigniert anmerkte.

Auch Swing-Jazz, Zigeuner-Folklore und Musette hatten in Heidelberg ihr Publikum. Im März 1970 gastierte das Schnuckenack Reinhardt Quintett im Club „Storyville". Von links sieht man Hojok Merstein (Bass), Spatzo Weiß (Rhythmus-Gitarre), Schnuckenack Reinhardt (Violine), Hänsche Weiß (Solo-Gitarre) und Holzmanno Winterstein (Rhythmus-Gitarre).

Im Arbeitsdress musizierte eine Chirurgenband auf der Tagung der Vereinigung Mittelrheinischer Chirurgen, die vom 17. bis 19. Oktober 1968 anlässlich des 150-jährigen Bestehens der Chirurgie in Heidelberg ausgetragen wurde.

4

„Mens sana in corpore sano“

Sportliches Heidelberg

Heidelberg ist die Stadt der Romantik schlechthin. Doch obschon sie darum zum Verweilen einlädt, ist sie keineswegs statisch. So wie bisweilen die Musik „ins Blut“, ja in die Beine geht, stimuliert das Ambiente, in Bewegung zu bleiben. Philosophenweg und Schloss wollen erklommen werden. Die malerische Lage am Neckar fordert zu körperlichen Aktivitäten am, im und auf dem Wasser heraus. Und auch sonst werden noch allerlei andere sportliche Betätigungsfelder erfolgreich mit Leben gefüllt, wobei einmal mehr internationale Bezugspunkte offenbar werden. Heidelberg wird überdies längst als international angesehenes Wissenschaftszentrum gehandelt. Aber eben nicht als Stadt der wissenschaftlichen Elfenbeintürme, sondern als dynamisch, leistungsfähig und vital – sportlich eben.

Reitturnier auf dem Neckarvorland zu Beginn der 1950er-Jahre.

Sternritt zum Rathaus im Oktober 1965. Über 70 Reiterinnen und Reiter der Heidelberger Vereine boten dem Publikum ein zudem musikalisch untermaltes Schauspiel.

Im Jahre 1959 errangen die Basketballerinnen des TV 1846 ihren fünften Titelerfolg in der deutschen Meisterschaft. Oberbürgermeister Robert Weber überreichte die vom Bundespräsidenten verliehene Auszeichnung, das „Silberne Lorbeerblatt". Er beschwor Heidelbergs Ruf als „Basketballmetropole". Und die Serie ging weiter …

Im Sommer 1969 genossen die Kinder das frei zugängliche Plantschbecken auf dem Neckarvorland.

Sportlich und zugleich stimmungsvoll verlief die 25. Heidelberger Segelregatta im Juli 1959. Eine Gruppe von Booten passiert hier gerade den Start- und Zielpunkt.

Im Mai 1965 landete die amerikanische Basketballmannschaft der Damen auf dem Frankfurter Flughafen. Sie wurde vom USAREUR-Sportoffizier Niel O. Harris und dem Vorsitzenden des Badischen Basketball-Verbands Heidelberg, Hans Himmel, begrüßt.

Am Vorabend des Spiels gegen die Auswahl des Deutschen Basketballbundes – darunter Heidi Günthner aus Heidelberg – waren die Amerikanerinnen Gäste im HTV-Clubhaus.

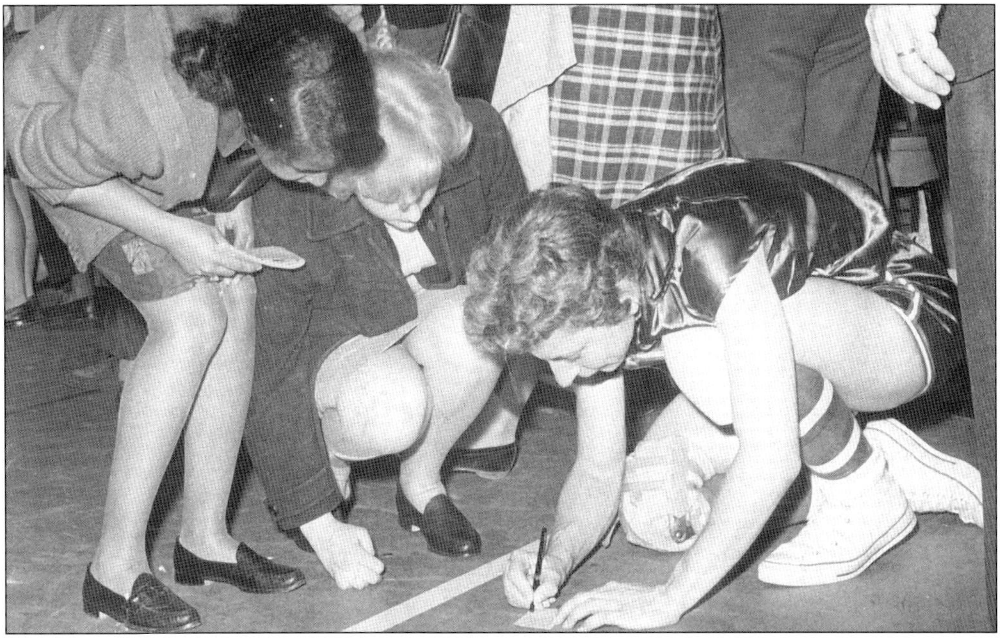

Die Begegnung endete erwartungsgemäß 60:29 für das amerikanische Basketball-Team. Gegen das, was insbesondere die „langen girls" der ersten Garnitur von jenseits des großen Teichs vorführten, war kein deutsches Kräutlein gewachsen. Nach dem Spiel kamen die Siegerinnen den zahlreichen Autogrammwünschen gerne nach.

1963 errangen die Basketballerinnen des TV 1846 ihren siebten Meistertitel. Dem darauf los brechenden Freudentaumel konnten sogar die Herren einiges abgewinnen – meist war ihre Überraschung nur gespielt.

Auch diese fröhlichen „Ballettratten“ wussten in Heidelberg zu begeistern. Zwar kamen sie aus dem benachbarten Dossenheim, doch ihr Auftritt auf dem Höhepunkt der närrischen Tage im Februar 1966 in der Stadthalle löste allgemeines Entzücken aus.

Auf eine besonders lange Tradition ist der Heidelberger Schützenverein 1490 stolz. Der Sport erfordert Konzentration, ein gutes Auge, eine ruhige Hand am Abzug und dessen ungeachtet rasches Reaktionsvermögen. Das Foto entstand beim Tontauben-Schauschießen anlässlich des Tags der Offenen Tür 1965 auf dem Gelände hinter dem Schützenhaus.

Heidelberg pflegt traditionell internationale Sportkontakte. Bürgermeister Dr. Hermann Hagen (Mitte) empfing hier eine pakistanische Hockey-Expedition. Rechts neben ihm sieht man den pakistanischen Leiter Präsident Dara sowie Dr. Philipp Oberle, der zusammen mit Rechtsanwalt Otto Lachenauer (Mitte hinten) den Hockey-Club Heidelberg vertrat.

Nach der Devise „mens sana in corpore sano“ (gesunde Seele in gesundem Körper) bietet die Universität ihren Studentinnen und Studenten seit Jahrzehnten ein breites Angebot zur Körperertüchtigung und als Ausgleich für ausufernde „Büffelstunden“. Hier sieht man eine Gymnastikgruppe in den 1960er-Jahren.

Um das Heidelberger Schloss besuchen zu können, änderte die japanische Tischtennis-Nationalmannschaft sogar kurzfristig ihren Tourneeplan. Mannschaftskapitän und mehrfacher Weltmeister Ogimura (mit Lederhütchen) hatte schon in der Schule von „Old Heidelberg" gehört.

Länderkampf der Tennis-Damen Italiens und Deutschlands in Heidelberg, 1954. In einem packenden Match gewann Inge Pohlmann mit 5:7, 6:4, 6:2 gegen Italiens Nachwuchstalent Lea Pericoli, eine nach Ansicht von 350 begeisterten internationalen Zaungästen blonde Schönheit (ital. „pericoli“ = dt. Gefahren – nomen est omen).

Deutschlands Nummer 1 Inge Pohlmann war zu Beginn des Matches nervös, riss es aber mit Einsatz, Erfahrung und Kaltblütigkeit noch herum. Nach einem 5:0-Sieg ging der Wanderpokal, die begehrte „Coppa Alberto Bonacossa“, nach Deutschland. Und auch der HTC als Ausrichter hatte seine Aufgabe glänzend bestanden.

Im August 1952 zeigten zwei absolute Ausnahmeathleten im Wasserspringen in Heidelberg ihr Können. Die mehrfache Doppelgoldmedaillengewinnerin bei den Olympischen Spielen in Helsinki (1952) und Melbourne (1956) Pat McCormick beherrschte die Konkurrenz ebenso dominant wie Sammy Lee bei den Herren (olympisches Gold 1948 und 1952).

Dabei zeigte sich der Wassersport in Heidelberg mitunter noch immer nicht ganz frei von Altlasten des Zweiten Weltkriegs. Bis in die Gegenwart ist das vom Krieg weitgehend verschonte Heidelberg Einsatzort des Kampfmittelbeseitigungsdienstes.

Dabei muten die frühen Einsätze von Hilfskräften jeden Alters, wie hier von „Spargeltarzan & Co.", alles andere als professionell an.

Ein überwältigenderes als das Heidelberger Umfeld erscheint für den Wassersport kaum mehr vorstellbar.

Badespaß der preiswerten Art genossen die Altstadtkinder 1951 an der Alten Brücke.

Nicht die „Chippendales“, aber immerhin! – Zur Eröffnung des Tiergartenschwimmbads 1953 kamen die einen leicht overdressed mit Anzug und Krawatte. Die anderen beeindruckten (schon zu ihrer Zeit?) als „Heidelberg-Dreammen-Schwimmstaffel“ mit ihren tangamäßig anmutenden Lendenschürzen.

„Man müsste nochmals zwanzig sein …", mag der ältere Herr mit Sonntagszigarre gedacht haben. Oder: „Brüder zur Sonne – zur Freiheit …!" Denn die Heidelberger begingen den 1. Mai 1966, den Tag der Arbeit. Chrom blitzende Fahrzeuge verstopfen – wie gewohnt – beiderseits des Neckars die Uferstraßen.

Auf dem zartgrünen Rasen des Neckarvorlands döste am 1. Mai 1966 nicht nur der akademische Nachwuchs. Blonde und braune Bikinimädchen bereicherten das Bild, vermerkte die Lokalpresse. – Aber was ist mit den Schwarz- und Rotharigen?

Im März 1965 erstickte Heidelberg im Schneechaos. Etwas mehr, und auf dem Königstuhl hätte eine Skischule eröffnet werden können.

An einem frostig-kalten Sonntagmorgen im März 1965 startete um 10:30 Uhr auf dem Kohlhof ein Volksskilauf.

1967 stellte der Sportclub Neuenheim 02 den deutschen Rugbymeister. Das hatte seit 1912 Tradition, was selbstverständlich auch für die Meisterfeier galt. Übrigens geht das Rugbyspiel in Heidelberg auf die englische Kolonie zurück, die sich hier im 19. Jahrhundert ansiedelte.

Ursel Brunner, Doppel-Silbermedaillengewinnerin in der 4 x 100-Meter-Freistil- und Lagenstaffel, und Martha Langbein, Silbermedaillengewinnerin im 4 x 100-Meter-Staffellauf, bei der Rückkehr von der Olympiade in Rom 1960. Von der zweiten Bahnklasse stiegen sie ins Traumcabriolet um, einen Mercedes 190 SL Roadster, und fuhren im Triumpfzug durch Heidelberg.

Entführt aus seinem „Blumengarten“ in Lützelsachsen, fachsimpelte Altbundestrainer Sepp Herberger mit jungen Heidelberger Nachwuchsfußballern und deren Sportlehrer Schmitt im März 1971 über den Weg zur Weltmeisterschaft 1954 und die laufende Bundesligasaison.

Autogrammstunde mit Fußball-Weltmeister Fritz Walter im Kaufhaus Horten im Jahre 1965. Das Idol geriet förmlich ins Schwitzen, als ihn Jugendliche und Erwachsene in Scharen umlagerten. Unter den Fans waren sogar Hausfrauen, wie der erstaunte Lokalreporter notierte.

Im darauf folgenden Jahr gab Fritz Walter im Lauf eines Nachmittags nicht weniger als 2.000 Autogramme. Er signierte Bilder, Fußballschuhe und Maskottchen. Seine Popularität ist bis heute ungebrochen. Später fand sich noch Sepp Herberger im Heidelberger Kaufhaus Horten ein.

Eine Neckarfahrt mit Kajak und Zelt war 1955 ein preiswertes Sportvergnügen.

Ein Spaziergang am Neckarufer ist zu jeder Jahreszeit lohnend. Und lacht zudem die Sonne, steigt das Stimmungsbarometer und vermag sich kaum jemand länger dem landschaftlichen Reiz der Stadt zu entziehen.

5

„Memories of Heidelberg …"
Heidelberg entdecken

Alteingesessene und so genannte „Reingschmeckte", Studenten und Austauschwissenschaftler, Geschäftsreisende und Tagungsgäste sowie Touristen aus aller Welt, sie alle erliegen gleichermaßen der besonderen Anziehungskraft Heidelbergs. Die Stadt präsentiert sich lebens- wie liebenswert und als allseits positiv besetzter Fixpunkt. Der Siegeszug des Schauspiels „Alt-Heidelberg" von Wilhelm Meyer-Förster auf deutschen wie internationalen Bühnen in der ersten Hälfte des 20. Jahrhunderts und der Erfolgstitel der deutsch-amerikanischen Schlagersängerin Peggy March aus dem Jahre 1967 brachten diese zunehmend weltweite Heidelberg-Sympathie gut zum Ausdruck. Zuletzt haben sich die Chinesinnen und Chinesen in den internationalen Pilgerstrom zum „Wallfahrtsort Heidelberg" eingereiht. Doch zurück zu unserem „Zeitfenster": Heften wir uns beispielsweise den US-Soldatinnen Maude und Zoe an die Fersen, um Heidelberg mit ihren Augen zu entdecken.

Heidelbergs Schokoladenseite wurde in den 1950er-Jahren wieder zunehmend vom Philosophenweg aus in den Blick genommen.

Amerikanische Soldaten und Militärangehörige gehörten zu den Ersten, die sich unmittelbar nach dem Zweiten Weltkrieg vom Flair der unzerstörten Heidelberger Altstadt einfangen ließen.

So machten sich auch Lieutenant Maude Kennedy und Lieutenant Zoe Orner vom Schwesternkorps der amerikanischen Armee auf, Heidelberg zu entdecken.

Auf der Titelseite der amerikanischen Illustrierten „Life“ vom 4. August 1947 war ein ausführlicher Bildbericht über das amerikanische Leben in Heidelberg abgedruckt. Ganz offensichtlich konnten die Besatzer der Stadt viel abgewinnen.

Heidelberg war so ganz anders als Loganton und Pittsburgh in Pennsylvania, die Heimatorte von Maude und Zoe. Deshalb nutzten sie jede freie Minute außerhalb ihres Dienstes im 130. Station Hospital in Heidelberg zu ausgedehnten Spaziergängen, so auch im August 1952.

Ein „Coffee-break“ auf dem schwimmenden Café-Restaurant war immer willkommen.

Im „Roten Ochsen“ machten Maude und Zoe erste Bekanntschaft mit dem deutschen Bier und dem Heidelberger Studentenleben.

Es war eine vorsichtige Annäherung an die deutsche Lebensart. Erst einmal hieß es schauen, was Heidelberg am Abend nach Dienstschluss zu bieten hatte.

Noch war es Winter, wie man an den kahlen Bäumen erkennen kann. Doch schon luden die ersten Sonnenstrahlen Touristen wie Einheimische dazu ein, auf einer Bank Platz zu nehmen und den Blick schweifen zu lassen.

Und mit dem frischen Laub ist's noch mal so schön.

Mit den schönen Tagen wurde es auch am Philosophenweg zunehmend belebter.

Einen ungestörten Blick vom Schloss auf die Stadt hatte und hat man nur ganz früh am Tag oder in der Mittagshitze der heißen Sommermonate.

Der Blick von der „Kanzel" des Philosophenwegs wurde Anfang der 1970er-Jahre aufgenommen. In der oberen Bildmitte ist deutlich das Gebäude der Neuen Universität zu erkennen.

Ein Sonntagsspaziergang auf der Alten Brücke, einem der Wahrzeichen Heidelbergs, Mitte 1950er-Jahre.

Anfang der 1970er-Jahre waren die an der Stadthalle anlegenden Ausflugsschiffe besonders an den Wochenenden und an den Feiertagen rasch voll besetzt.

Das malerische Brückentor von der Steingasse aus gesehen. Bereits im 13. Jahrhundert stand hier die erste Brücke über den Neckar. Sieben weitere hölzerne Brücken folgten, ehe von 1786 bis 1788 die steinerne, aus rotem Sandstein zusammen gefügte, neunte Brücke entstand.

Ungewohnte Ausblicke eröffneten sich vom Turm der Heiliggeistkirche. Das schöne Wetter verlockte einige Hausbewohner dazu, ihre Liegestühle auf die Dächer und Dachterrassen zu tragen. Die Dame im auf dem Dach postierten Liegestuhl haben vor uns bereits zwei Dachterrassenfreunde ausgemacht.

Ein Familienausflug nach Heidelberg war eigentlich kein Grund für verdrießliche Gesichter. Sie dürften daher auf familieninternen Geschehnissen beruhen.

Am 5. Mai 1955 fuhr der erste Zug in Heidelbergs neu errichteten Hauptbahnhof ein. Tausende von Pendlern und Touristen, Studierenden und Tagungsbesuchern und nicht zu vergessen von Klassenausflüglern bewegen sich seither täglich durch dieses Einfalltor.

Mit dem neuen Bahnhof verfügte Heidelberg endlich über einen zeitgemäßen Bahnanschluss. Der Bedeutung entsprechend und in Erinnerung an seine eigene Heidelberg-Zeit, reiste sogar der viel umjubelte Bundespräsident Theodor Heuss zur Eröffnungsfeier an.

Nach wie vor aber kamen viele Gäste per Bus nach Heidelberg, so wie hier auf dem Kornmarkt …

… oder wie hier Mitte der 1950er-Jahre auf dem Karlsplatz.

Beschaulich ging es hinter der im Jahre 1931 eingeweihten Neuen Universität zu ...

... während auf der Vorderseite der Universitätsplatz oft als Parkplatz missbraucht wurde. Hier belebten oder – je nach Sichtweise – belegten Teilnehmer einer vom ADAC veranstalteten Ausflugsfahrt die sonst als wohltuend empfundene Freifläche inmitten der Altstadt.

Die erste Gruppe sowjetischer „Intouristen“ nach dem Krieg kam im Juni 1956 und legte ein ordentliches Besichtigungs-Tempo vor. Sie reiste im beige-roten Reisebus mit Westberliner Kennzeichen an. Zum Programm gehörten ein Zwischenstopp auf dem Schloss und ein Fotoshooting im Stückegarten. Nach 20 Minuten entschwand die lustige Reisegesellschaft wieder.

Mit dem „Sputnik“ in Heidelberg: Das sowjetische Reisebüro brachte 1965 fünfzehn sowjetrussische Touristen für einige Tage nach Heidelberg. Sie waren gut gelaunt und äußerten sich positiv über die Stadt, ehe sie zurück hinter den „eisernen Vorhang“ reisten. Am Ende hieß es: „Do novoj vstretschi!“ – Auf ein baldiges Wiedersehen!

Nein, Heidelberg ist kein Vorort Westberlins! Vielmehr erprobte die Heidelberger Straßen- und Bergbahn AG den Einsatz eines solchen Doppeldeckerbusses in Heidelberg. Obschon die Rundfahrt im verglasten Oberdeck reizvoll war, ließen Manövrierfähigkeit und Wirtschaftlichkeit des vier Meter hohen und elf Meter langen Ungetüms zu wünschen übrig.

Als Gäste der Bundesregierung fanden sechs in ihrer Heimat namhafte japanische Journalistinnen 1963 den Weg in die Neckarstadt. Man wird nicht fehl gehen in der Annahme, dass die in der Folge entstandenen Reiseberichte weitere Reisende aus Fernost anzogen.

Im Jahre 1969 besuchten japanische Sportjugendliche im Rahmen eines Austauschprogrammes die Stadt. Abseits offizieller Zeremonien – z.B. der Übergabe von Wimpel und Medaille an Verkehrsdirektor C.W. Fennel – bildeten die geknüpften menschlichen Kontakte Grundlage für ein engeres Miteinander in der Zukunft.

Um selbst noch besser zu arbeiten und um Interessierten einen aktuellen Überblick über das Veranstaltungsangebot zu geben, richtete das Fremdenverkehrsamt in seinem Domizil am Stadtgarten einen 3,50 x 1 Meter großen Termin-Wandkalender ein.

Um 1950 war die Zahl der Heidelberger Fremdenführer noch überschaubar. Philipp Mechling galt zu seiner Zeit als der „weltbekannte Heidelberger Fremdenführer“.

Da kann der Osterhimmel über Heidelberg noch so grau sein, gerade an Feiertagen pilgern Touristen wie Einheimische seit jeher in Scharen auf's Schloss. Unten in der Stadt zeugten die Kfz-Kennzeichen davon, dass nicht nur Mannheimer und Ludwigshafener gekommen waren, sondern auch Heidelberg-Liebhaber aus Mailand, Stockholm, Paris und Amsterdam.

Wer Glück hatte, erwischte ein freies Plätzchen mit Aussicht auf dem Schlossaltan. Von dort konnte man den Blick über den von Bussen zugeparkten Karlsplatz und die Alte Brücke bis zum Philosophenweg am malerischen Abhang des Heiligenbergs schweifen lassen.

Nach Westen konnte man vom Schlossaltan weit in die Ebene bis – bei günstigem Wetter – ins Rheinland-Pfälzische schauen.

Rundgang durch eine der schönsten Schlossruinen Europas.

In vollem Wichs in luftiger Höh' auf dem Schlossaltan präsentierten sich die Verbindungen der Stauffia, Hercynia und Cimbria als Touristenattraktion beim bierseligen Festkommers. Das Absingen studentischer Lieder und die eifrige Leerung von 800 Flaschen Bier garantierten eine stetig steigende Stimmung.

Impressionen von Heidelberg bei Nacht. Die Ansicht von den Heidelberger Schlossbeleuchtungen ist immer wieder ein Erlebnis.

Wer den abendlichen Aufstieg nicht scheut, den entschädigt ein atmosphärisch einzigartiger Ausblick.

Am Neckarstaden wie …

… an Heidelbergs Alter Brücke fanden selbst hektische Tage stets einen besinnlichen Ausklang.

Selbst bei Nacht ergeben sich immer wieder neue anheimelnde Blickwinkel, …

… die zum Innehalten einladen.

Im sanft dahin fließenden Neckar spiegelten sich die Umrisse der von den Straßenlaternen in dämmriges Licht getauchten Uferbebauung.

Blick durch die Steingasse zum Brückentor. Es bildete bis ins 19. Jahrhundert einen der Hauptzugänge der Stadt.

Nicht selten dienten Schloss und Schlossgarten auch als Kulisse …

… für stimmungsvolle Modeaufnahmen.

Die Prêt-à-porter-Mode für die jugendliche Dame wurde in der ersten Hälfte der 1950er-Jahre im Schlossinnenhof präsentiert.

Mode für den „schönsten Tag im Leben", vorgeführt im Heidelberger Schlossgarten. Die Wahl des Ortes war sinnvoll, da sich seit jeher selbst viele auswärtige Paare im Heidelberger Rathaus trauen lassen und anschließend zu Fotoaufnahmen die malerischen Plätze der Stadt aufsuchen.

Blick vom Fischmarkt zum Rathaus.

Der Blick von Heiliggeist über die Dächer der Altstadt zum Schloss offenbart die malerische Einbindung der Stadt in die Natur.

Und vom gleichen Standort ging der Blick in die Hauptstraße, die sich die Fußgänger bis in die 1970er-Jahre noch mit dem motorisierten Verkehr und der Straßenbahn teilen mussten.

In dieser nicht alltäglichen Perspektive treten die dichte Altstadtbebauung sowie das zur Mitte hin ansteigende Niveau der Alten Brücke deutlich hervor.

Heidelberg ist bei den Studierenden traditionell eine der gefragtesten Universitäten. Darum war es mit der Beschaulichkeit, wie hier im Hof hinter dem Gebäude der Neuen Universität Mitte der 1950er-Jahre, bald vorbei. Aber auch der Trend zur Massenuniversität tut der ungebrochenen Attraktivität von Stadt und Universität keineswegs Abbruch.

6

Buffalo Child meets Heidelberg
Alltägliche Begegnungen

Kleine und herausgehobene Events und Begegnungen sind fester Bestandteil des Alltagslebens. Die Palette ist ebenso groß wie farbenprächtig. Dabei stehen nicht nur die VIPs oder Stars und Sternchen im Mittelpunkt. Gleichwohl können die Veranstaltungen und Begegnungen für den Einzelnen wie für die Stadt bedeutsam, ja prägend sein. Sie machen das Zusammenleben kurzweiliger, attraktiver und können es vielleicht gar nachhaltiger gestalten. Manche Begegnungen bleiben elitär, das Publikum kann sie nur von ferne mitverfolgen. Andere wiederum sind von vornherein darauf angelegt, möglichst viele Menschen mit einzubeziehen. All diese Erlebnisse bereichern den Alltag und beeinflussen die davon zurückbleibende Erinnerung.

Geradezu Weltruf errangen die seit 1951 veranstalteten Heidelberger Blumentage. Dabei verwandelte sich das Schloss immer wieder in ein opulentes Blütenmeer von bisweilen südländischem Flair.

Einheimische sowie das staunende Publikum aus aller Welt gewannen während der Blumentage stets neue überraschende Eindrücke, hinter denen der Festungscharakter der Schlossanlage meist völlig zurücktrat.

Der Blick in den Schlossinnenhof zeigte, wie kunstvoll die Gärtner in den farbenprächtigen Blumenrabatten ornamentale Motive umsetzten. Mit dieser Blumenrabatte erinnerte man an Kurfürst Jan Wellem, der nach den Zerstörungen der Orléansschen Kriege um 1700 den Wiederaufbau Heidelbergs ins Werk setzte.

Ähnlich positiven Anklang wie die bis Ende der 1960er-Jahre veranstalteten Blumentage fanden üppig geschmückte Blumenkorsos.

Meistens waren es Gewerbetreibende, die mit ihrem Engagement für die Umzüge zugleich einen nicht geringen Werbeeffekt für die Stadt und für sich selbst verbanden.

Im Jahre 1961 gab das 575-jährige Bestehen der Universität Anlass zum Feiern. Die älteste Universität auf deutschem Boden beging ihr Jubiläum in traditioneller Formensprache.

Die Liste der Ehrengäste, die zu den Jubiläumsfeiern der Universität eingeladen wurden, war lang. Die Einheimischen nahmen ebenfalls bewussten Anteil. Immerhin war die Universität mittlerweile größter Arbeitgeber am Ort und die Zahl der Studierenden stieg unaufhörlich.

Aufwändig im Schloss in Szene gesetzt wurde ein Weltkongress nicht etwa der UN, sondern für Düngungsfragen. Am Rednerpult spricht hier der Landwirtschaftsminister von Baden-Württemberg, Eugen Leibfried. Das Heidelberger Ambiente lockte zunehmend Tagungs- und Kongresstouristen an.

Ein Lichtermeer erhellte das Schloss. Am Vorabend des Tages der deutschen Einheit 1958, der zu dieser Zeit in Erinnerung an den Aufstand in der DDR 1953 noch am 17. Juni gefeiert wurde, marschierte ein endlos erscheinender Fackelzug vom Schloss in die Stadt.

Dienstbesuch des nigerianischen Staatssekretärs Somade und des Vizekanzlers der Universität Ife Prof. Ajose beim Dekan der Naturwissenschaftlich-Mathematischen Fakultät Prof. Christoph Schmelzer, 1963. Es ging um die Intensivierung von Kontakten im Rahmen der Entwicklungshilfe.

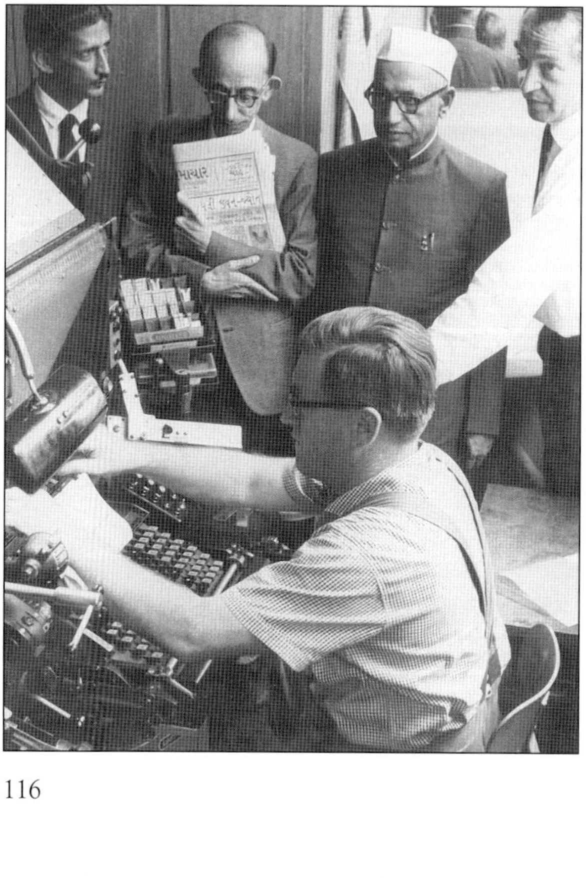

Drei indische Journalisten aus Bombay hielten sich 1964 in Heidelberg auf. Auf ihrem Programm standen der Besuch der „Tageblatt“-Redaktion, eine Stadtbesichtigung sowie ein Gespräch mit Vertretern des Südasieninstituts der Universität. Letzteres hatte wohl den Anstoß zu diesem Erfahrungsaustausch gegeben.

Dienstlicher Natur war auch die Informationsreise des Direktors der Staatsdruckerei von Pernambuco (Brasilien), Cleophas Nilo de Olivera. Hier ließ er sich bei der Heidelberger Schnellpresse die neue Zweifarben-Buchdruck-Rotationsmaschine erklären. Auch Heidelberger Unternehmen tragen zum Weltruf der Stadt bei.

Teilnehmerinnen und Teilnehmer des Chirurgenkongresses im Jahre 1968 bei der Schlacht am kalten Büfett. Denn jeder weiß: Ein leerer Bauch studiert nicht gern. Und oftmals ist gerade der Smalltalk am Rande von Tagungen und Konferenzen von größerem Nutzen als die Vorträge selbst.

Im Rahmen der Städtepartnerschaften initiierte die Stadt von Anfang an vielfältige Aktivitäten. Seit 1961 besteht eine vertragliche Städtepartnerschaft mit Montpellier. Im Sommer 1965 hielten sich zehn Studentinnen und Studenten als Gäste des AStA der Studentenschaft zu privaten wie offiziellen Gesprächen und Begegnungen in Heidelberg auf.

Nicht nur die Musik, sondern auch das Outfit der „Originaldorfkapelle" Cobla Fons Jordy empfanden die Zuschauer beim Begegnungsabend auf dem Schloss 1960 als eigenwillig. Aber gerade das mag den einen oder anderen zu intensiverer Auseinandersetzung angeregt haben.

Eine Gruppe von 45 Schülern im Alter von elf bis 17 Jahren aus Cambridge besichtigte das Heidelberger Schloss. Die englische Hochschulstadt ist seit 1965 Partnerstadt Heidelbergs.

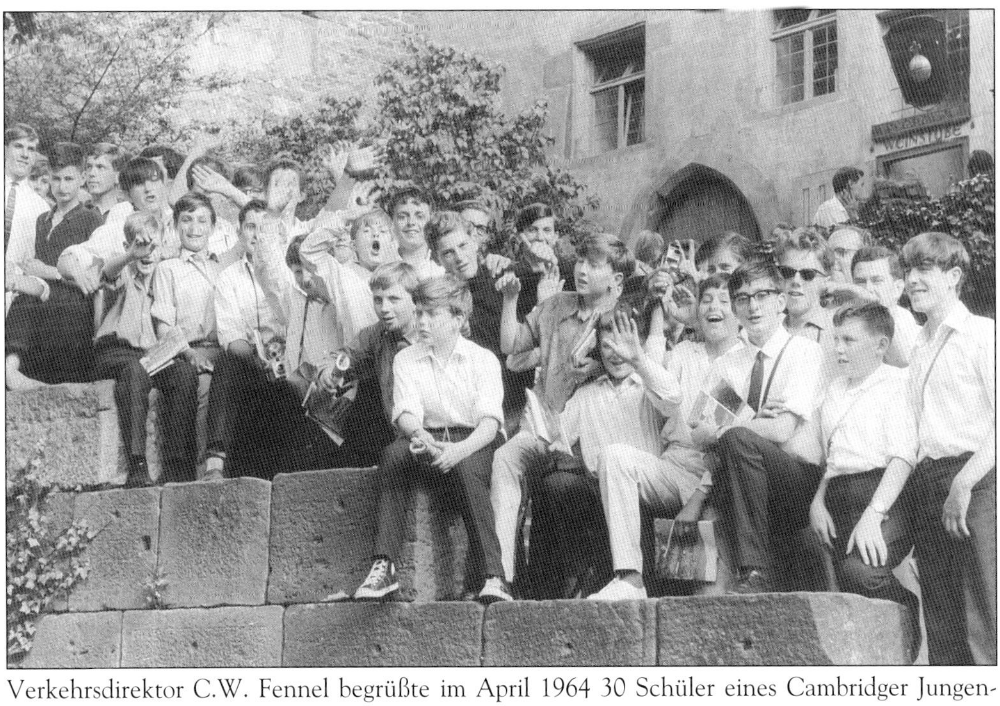

Verkehrsdirektor C.W. Fennel begrüßte im April 1964 30 Schüler eines Cambridger Jungengymnasiums in der Schlossweinstube.

Die Heidelberger Messen sind Anziehungspunkte nicht nur für Neugierige aus der Region. Bei der „Hobby 1973“ betonte der Veranstalter, „dass der Besucher nicht nur umherläuft, sondern sich aktiv mit dem Dargebotenen beschäftigen soll.“ Dazu gehörte auch die Teilnahme an der Vorstellung eines waschechten Indianers.

Aber irgendwie wirkte die Damenwelt bei der Vorführung von Buffalo Child reichlich verkrampft. Gleichwohl beeindruckte der 1,97 Meter große amerikanische Ureinwohner durch sein originales Outfit sowie Tanz und Gesang, mit denen er die Kultur der Cherokee zu vermitteln suchte. Der „lebendende Gag“ – so der Veranstalter – stellte übrigens bei der Militärolympiade 1947 in Berlin einen Hochsprungrekord auf.

Buffalo Childs Werdegang als „(Selbst-) Aussteller“ führte über die Schauspielerei – u.a. spielte er den Sitting Bull in dem Musical „Annie get your gun“ und arbeitete bei den Karl-May-Festspielen – nach Heidelberg. Während seiner Militärzeit war er in der Quadratestadt stationiert. Zuletzt trat er 2002 in der Region auf. Heutige Auftritte finden im Gegensatz zu damals in gelösterer Atmosphäre statt.

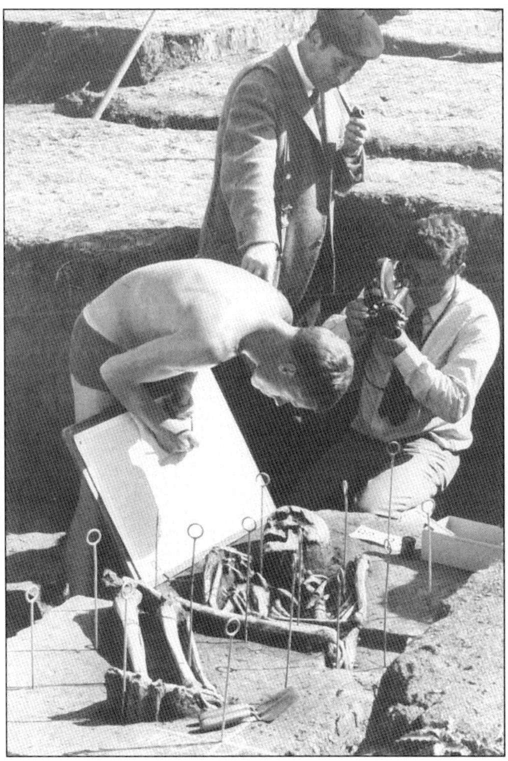

Kein Opfer eines Indianerüberfalls ist der frei gelegte „homo heidelbergensis“. Heidelberg ist historisches Siedlungsgebiet, daher stieß der Archäologe Dr. Berndmark Heukemes bei seinen Grabungen, wie hier im Neuenheimer Feld, häufig auf Relikte früherer Zeiten. Seine Funde lockten Schaulustige und wie hier im Jahre 1966 sogar einen britischen Fernsehsender an.

Nicht nur ausländische Studierende, sondern auch so genannte Gastarbeiter bereicherten den Heidelberger Alltag in den 50er- und 60er-Jahren spürbar. Links sieht man ein spanisches Paar beim Flamenco während rechts die Griechin Zozo einen griechischen Neujahrskuchen präsentiert.

Stärker denn je hob sich die Jugend in den 60er- und 70er-Jahren meist nicht nur äußerlich von ihrer Elterngeneration ab. Die Aufnahme zeigt zwei Heidelbergerinnen als Blumenkinder in der Fastnachtskampagne des Jahres 1970.

Wenig mit den auch in Heidelberg einsetzenden 68er-Studentenprotesten gemein hatte jene „Aussteigerszene“, die sich insbesondere im Umfeld der Heiliggeistkirche tummelte, sehr zum Missfallen so genannter bürgerlicher Kreise.

Die jungen Aussteiger, die sich vollständig von ihrer Herkunft distanzieren wollten, zeigten sich bisweilen durchaus provokant, manchmal rührend unangepasst und gleichwohl in einer Art von Lethargie befangen. Eigentliche politische Akzente waren hier noch selten auszumachen.

„Strieh, Strah, Stroh, der Summerdag is do ...", heißt es traditionell in Heidelberg am Sonntag Laetare. Kinder ziehen mit bunt geschmückten Stecken durch die Stadt. Vor dem Rathaus kommt es zum Show-down, wenn der Sommer gegen den Winter kämpft. Letzterer verliert und wird verbrannt. Auch das Brauchtum ist in Heidelberg nach wie vor lebendig.

Jedes Jahr warten die Kinder ungeduldig auf den Martinszug. Meist basteln sie in den Wochen zuvor eifrig ihre Laternen. Dabei entstehen ganz individuelle und besonders schöne Exemplare, die ihre Besitzer voller Stolz in der hereinbrechenden Dämmerung präsentieren.

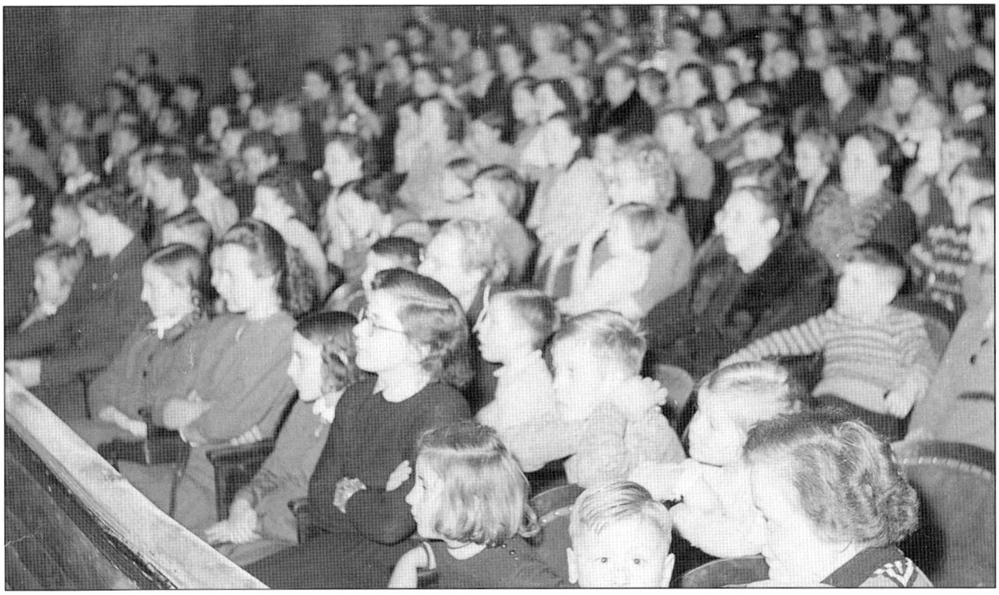

Zu den oftmals lange im Gedächtnis bleibenden Kindheitserinnerungen der 50er-Jahre zählt nicht selten der Besuch des Kasperletheaters oder ähnlicher Vorstellungen – etwa in der Stadthalle –, in denen sich die Kinder in ungewohnt großem Kreis intensiv in die Spielhandlung hineinzuversetzen versuchen.

In der Erinnerung bleiben auch besondere Gefahrensituationen. Im Juni 1967 fiel ein siebenjähriges Mädchen von einem Neckarschiff ins Wasser. Der Heidelberger Kraftfahrer Heinrich Hurst (rechts) zögerte nicht, tauchte nach dem bereits gesunkenen Kind und bekam es in drei Metern Tiefe noch an den Haaren zu fassen ... ein Schutzengel!

Die Blues-Brothers beim Entführungsversuch? Nein, der Schnappschuss zeigt eine heiter-skurrile Form akademischer Initiationsrituale. Der bisherige Habilitand tritt mit dem Erwerb der Lehrberechtigung aus seinem bisherigen Umfeld aus und in den Stand der Professorenschaft ein. Was mit teilweise sehr individuellen Übergangsritualen einher ging.

Feinkost-Goedecke veranstaltete in den 1950er-Jahren einen Hausfrauenabend. Das führende nordbadische Filialunternehmen mit über 80 Verkaufsmärkten setzte nicht nur auf Qualität, sondern auch auf eine besondere Kundenbetreuung. Die Hausfrauenabende boten Produktinformation und Unterhaltung in geselligem Kreis.

Heidelberg zählt zwar nicht zu den offiziellen Hochburgen des Karnevals. Dennoch wissen sich die Einheimischen wie Heidelbergs Gäste in der fünften Jahreszeit glänzend zu amüsieren. Die einen tun dies auf einem (oder gleich mehreren) der zahlreichen Faschingsbälle, …

… die anderen pflegen eher die Form des kostümierten Tête-à-têtes.

Diese
Bücher aus
Ihrer Region sind
im Handel erhältlich: